도쿄/모노로그

담아 왔어요, 도쿄의 색과 내음을.

도쿄 / 모노로그

이스안 지음

201705, tokyo

시부야 shibuya ················· 8

하라주쿠 harajuku ················· 39

마네킹 mannequin ················· 70

오모테산도 omotesando ················· 82

요요기 공원 yoyogi park ················· 96

신주쿠 shinjuku ················· 106

진보초 jinbo-cho ················· 120

도쿄타워 tokyo tower ················· 126

조죠지 jojo-ji ················· 131

스카이트리 sky tree ················· 137

긴시초 kinshi-cho ················· 143

아키하바라 akihabara ··········· 150
덴샤 subway ··········· 154
고타케 무카이하라 gotake-mukaihara ··········· 159
이케부쿠로 ikebukuro ··········· 164
산겐자야 sangenjyaya ··········· 172
나카노 nakano ··········· 179
키타아카바네 kita-akabane ··········· 192
모노로그 monologue ··········· 196
카이힌 미쿠하리 kaihin-mikuhari ··········· 204
에필로그 epilogue ··········· 215

후기 ··········· 222

이미 여러번 다녀온 곳이지만 항상 초행길처럼 설렌다.
신이 난 아이처럼 창밖을 내려다보며
앞으로의 여정을 그려본다.
얼마나 그대로일까. 얼마나 바뀌었을까.
어딜 갈까. 뭘 먹을까. 뭘 살까. 누굴 만날까.

시부야

스크램블 교차로의 신호등이 초록불이 켜지면
인파들은 일제히 각자의 앞을 보고 걷는다.
거대한 전광판에서 수도 없이 반복되는 광고 소리와
전광판 속 가수들이 부르는 최신곡 멜로디가 울려퍼진다.

어딜 가나 사람으로 넘치는 곳,
수많은 간판들이 북적이는 곳,
없는 가게가 없는 곳,
도쿄를 대표하는 명소, 시부야.

시부야에 도착해야 내가 도쿄에 왔음을 제대로 실감한다.

"우리 집 고양이 좀 보세요!"

초등학생 때 읽었던 소설 〈하치 이야기〉를 읽으며 눈물을 펑펑 흘린 기억이 난다. 그로부터 얼마 지난 뒤 방과후 일본어 교실 시간에 틀어준 영화를 봤을 때는 주변에 친구들이 있어서 그랬는지 어떻게든 애써 눈물을 참으려고 아등바등했던 기억이 난다(세월이 지난 지금도 누군가와 슬픈 영화를 볼 땐 어떻게든 눈물을 흘리는 것을 보이지 않으려고 애쓰는 경향이 있다). 이 소설은 눈물을 펑펑 흘리게 했던 몇 안되는 것 중 하나다.

같은 곳에서 주인을 하염없이 기다리는 충견 하치.

하치는 주인이 죽었기 때문에 자신에게 돌아오지 못한다는 것을 몰랐던 걸까. 하치는 몇 년이 지나도 변함없이 주인을 기다리다 결국 길거리 위에서 쓸쓸한 죽음을 맞는다.

그 하치를 기리기 위해 이 동상을 세웠다는 것은 많은 사람들이 알고 있는 사실일 것이다. 뒷다리는 앉고 앞다리는 선 채 한 곳을 주시하는 이 충견의 모습을 보니 하치는 죽어서도 망부석처럼 영원히 주인을 기다리고 있구나 싶다.

동상과 함께 사진을 찍으려 순서를 기다리는 외국인들과 그 주변에는 약속 시간을 기다리며 빙 둘러앉은 사람들이 있었다.

시부야의 대표적인 건물인 SIBUYA 109.
한국 사람들은 '일공구' 라고 읽겠지만 일본 사람들은
'이치마류큐' 라고 읽는다.
건물 안에는 수많은 패션 잡화 가게들이 모여 있으며
10대와 20대의 젊은이들이 많이 찾는 곳이다.
이 건물은 일본 철도 회사인 '도쿄 급행(도큐)'의 자회사
가 세운 것이다. 상호 '109' 숫자의 유래를 찾아 보니
'도큐'는 숫자 10을 의미하는 일본어 '토오' 혹은 '도오'
와, 숫자 9를 의미하는 일본어 '큐'를 붙여 '도큐' 라고 발
음하게 되어 '109' 라고 명명한 것이라고 한다.

보통 이 건물에는 상큼하고 고급스러운 연예인이나 모델
의 이미지가 붙는데 이번 시즌에는 이상하게도 두 눈을
가진 검은 털뭉치가 건물에 떡하니 붙어 있었다.

내 단골 음식점 중 하나인 '우오베이'는 일본 전국에 분포되어 있는 초밥집 체인점이며 시부야점은 시부야 한복판의 어느 좁은 골목 안에 숨어 있다. '회전 초밥집'이라기보다는 '직진 초밥집'이 더 맞는 표현으로, 초밥이 접시에 담긴 채로 매우 빠른 속도로 레일을 직진하여 나에게 도착한다. 마치 미래도시의 음식점 같다.

초밥의 가격은 보통 한 접시에 두 개 들이, 108엔이다. 매우 저렴한 가격에 맛도 꽤 괜찮다. 내가 일본에서 한국인 친구와 함께 이곳을 올 때마다 그들 모두가 이곳을 극찬했다. 회를 먹지 못하는 나는 이곳에서 항상 유부초밥이나 함박스테이크초밥 등을 먹는다.

사이드 메뉴로 우동, 라멘, 감자튀김도 있으며 디저트 메뉴로 케이크, 아이스크림, 푸딩 등도 있다. 초밥 뿐만 아니라 다양한 메뉴를 구비하고 있다.

구글 지도 어플에 '우오베이 시부야'를 한글로 입력해도 검색할 수 있다.
www.genkisushi.co.jp/uobei/

시부야의 구석진 어느 골목,
이 좁은 골목에도 다양한 풍경 조각들이 수납되어 있다.
계단 한 쪽에 모아 놓고 키우는 화분들,
수상한 딸기가 그려져 있는 가게의 간판,
200엔짜리 저렴한 코인락커,
그 밑에 붙어 있는 희화화된 아베 총리의 얼굴,
조그마한 호텔,
그리고 계단을 내려오려는 셀러리맨.

'뽑기의 나라' 일본은 어딜 가나 게임 센터와 뽑기 기계가 있다. 게임 센터는 일본어로 '게-센', 뽑기 기계는 '가챠퐁' 또는 '가챠가챠' 라고 부른다.

한국에도 요근래 인형뽑기 가게들이 우후죽순처럼 늘어났지만 아직 일본을 따라가기엔 멀었다. 일본은 정말 어딜 가나 있으니까.

가챠퐁의 묘미는 무엇보다 어떤 것이 나올 지 모른다는 긴장감이다. 내가 제일 원하던 장난감이 나오면 환호를 지르고, 혹시라도 중복이 나오거나 제일 나오지 않았으면 했던 게 나오면 탄식이 절로 나온다.

그런데 대부분의 가챠퐁을 보면 그 장난감 종류 중에 거의 꽝 수준으로 '이런 건 제발 안 나왔으면 좋겠다' 싶은 것이 꼭 하나쯤은 있다. 꽝이 나오면 원하는 것이 나올 때까지 다시 동전을 넣고 뽑을 수 밖에 없는 이 상황도 제작사의 꼼수가 아닐까.

어쨌든 나는 이 가챠퐁의 재미에 중독된 사람 중 한 명이기 때문에 일본에 가면 항상 최소 열 번은 돌리고 온다.

도쿄에서의 유학 시절에도, 도쿄에 여러 차례 여행으로 왔을 때도 셀 수 없이 시부야를 많이 찾았었지만 여지껏 나는 시부야 한복판에 이 아이들이 있는 줄 모르고 있었다. 이번 여행에서 새삼 처음으로 알게 된 것이다.
마치 까르르 웃는 소리가 들려오는 듯 신나게 놀고 있는 여섯 명의 아이들. 누군가 한 아이의 목에 꽃목걸이를 걸어두었다.

지하 던전과도 같은 시부야의 만다라케. 정확한 명칭은 〈만다라케 그랜드카오스 점〉이다. 이곳은 만화책이나 피규어, 장난감, 인형, 동인지, 아이돌 굿즈 등 다양한 마니아 상품을 판매하는 곳이며 대부분 사람 손을 거친 중고 상품이다.
일본 전국에 점포가 분포되어 있다.
값어치가 꽤 나가는 희귀한 물건들도 많기 때문에 마치 장난감 박물관에 온 듯 구경하는 재미도 쏠쏠하다. 꽤 유명한 쇼핑 스팟이므로 외국인들도 많이 보인다.
시부야의 만다라케는 지하 3층 정도를 계단으로 내려 가면 그제야 입구가 보인다. 엘리베이터도 이용이 가능하다.
지하 깊숙히 위치해 있기 때문에 전쟁이 나면 이곳으로 대피해도 되겠다는 생각이 들 정도.
자동문이 열리면 직원들이 "이랏샤이마세!"를 일제히 외친다. 그리고 그 지하에 생각보다 많은 사람들이 있음에 놀라고 많은 상품들이 빼곡히 들어차 있음에 놀랄 것이다.

구글 지도 어플에 영문 'mandarake sibuya' 혹은 일본어로 입력해도 검색할 수 있다.
http://mandarake.co.jp/

어릴 때 만화를 읽는 것을 정말 좋아했고 만화책을 모으는 것도 좋아했다. 그래서 제일 처음으로 가진 장래희망은 만화가였다. 하지만 만화가가 정말 극한 직업이라는 것을 만화를 읽으면서 그리고 직접 그리면서 느끼게 되었다. 그림으로 한 페이지를 꽉 채워야 하기 때문에 책 한 권을 만들기 위해 상상 이상의 노동량, 상상력, 연출력, 시간 등이 필요하다. 그 한 권은 그림이 그려진 캔버스 몇 천 장, 몇 만 장을 겹친 것이나 다름이 없는 것이다.
하지만 사회는 아직까지도 만화책을 단순한 '오락'이나 '유해한 것' 또는 '단순하고 깊이가 없는 책' 으로 보는 시선이 부지기수다. 아무리 내용이 유익해도 만화책은 그저 만화책으로만 볼 뿐이다. 만화는 글을 그림으로 풀어낸 것이고 그림이라는 예술을 덧입힌 것이다. 하대 받을 이유가 전혀 없다.

그리고 만화를 읽다 보면 그림은 본체만체 하며 그냥 휙 지나치게 되고 오히려 말풍선 안의 글을 더 유심히 읽게 된다. 한 페이지 안의 글자 수는 얼마 되지 않아서 페이지는 글만 가득한 책보다 훨씬 더 빠르게 넘어간다.
주인공의 머리카락, 눈동자, 손가락, 옷 주름, 배경 등 그림을 그리는 데에는 오랜 시간이 소요되고 그리는 사람의 정성이 듬뿍 들어간다. 그래서 나는 만화책을 읽을 때 그 그림들의 작고 세밀한 부분도 자세히 살펴보며 음미하려고 애쓴다. 작가의 숨결과 영혼, 그리고 인내와 고통이 담긴 펜 선 하나하나까지도.

어항에 얼굴을 가까이 대고 그를 뚫어지게 쳐다보자
그도 나를 뚫어지게 쳐다본다.
그리고 저리 가라는 듯이 입을 쩍 벌려 보인다.
그리고 다른 곳으로 천천히 움직인다.

일본의 유명 잡화점 체인인 돈키호테는 특이하게도 대부분 매장 입구에 커다란 수조가 있다. 수조의 예쁘고 신기한 물고기들은 사람을 홀린다. 마치 내가 이 물고기에게 호기심을 갖고 다가간 것 처럼 말이다.
이 물고기는 돈키호테 시부야점에 있던 아이인데, 다른 지점의 수조에도 같은 종이 꼭 한마리씩은 있었다. 돈키호테의 대표경영자가 이 물고기를 유독 선호하기라도 하는 걸까?

혹시 내가 지금 방황하고 있는 건 아닌지.
길을 잃은 건 아닌지.
목표가 무엇인지 모르는 건 아닌지.

하고 스스로를 몇 번이고 의심해 보지만
내가 제일 잘 알고 있어.
내가 정말 가고 싶은 곳은 어디인지.
목표지점이 어디인지를.

여행을 하는 동안에는 사소한 것들 마저도 신기해서
길거리의 별 것도 아닌 걸 보며 깔깔대곤 했다.

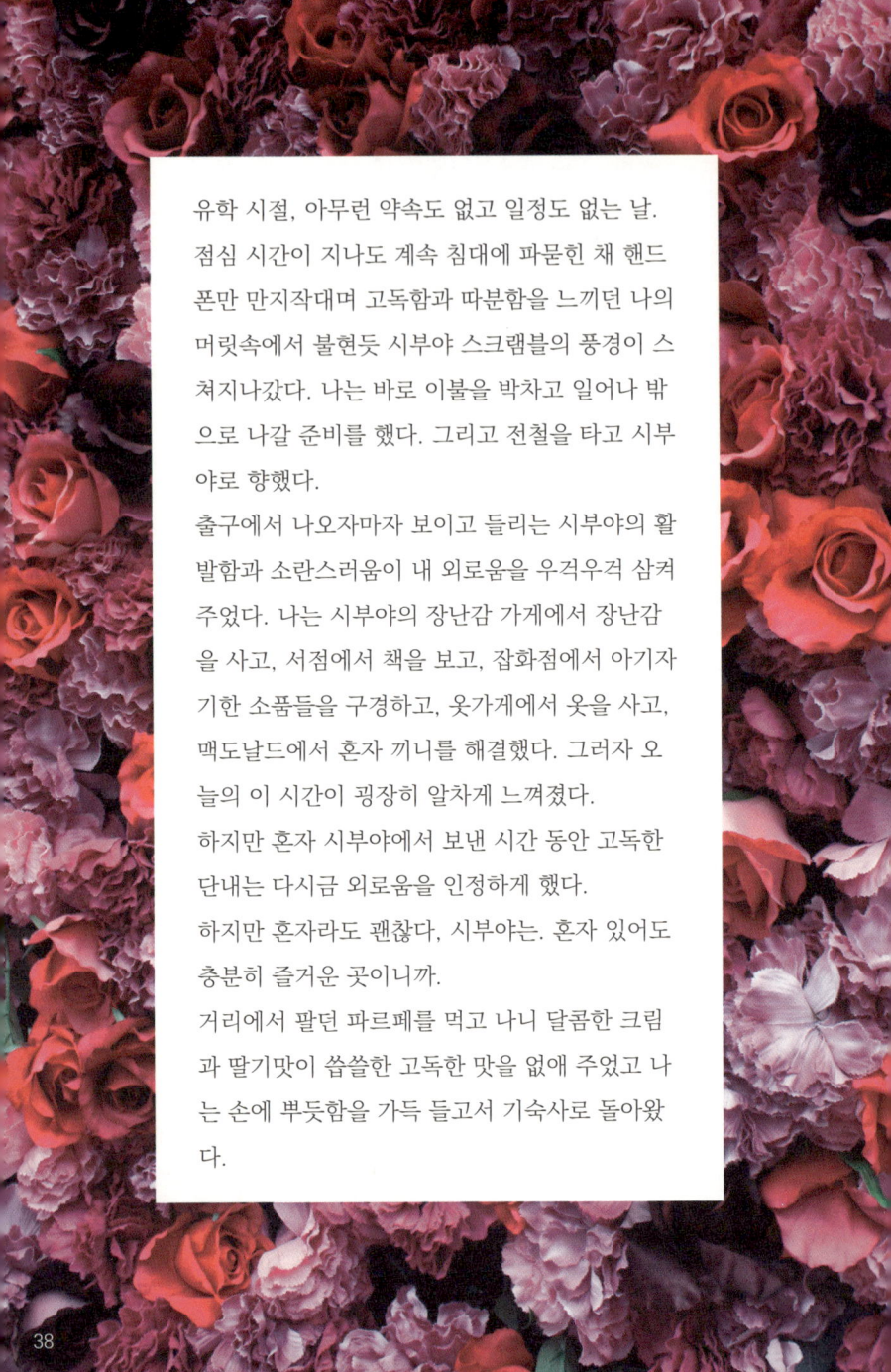

유학 시절, 아무런 약속도 없고 일정도 없는 날. 점심 시간이 지나도 계속 침대에 파묻힌 채 핸드폰만 만지작대며 고독함과 따분함을 느끼던 나의 머릿속에서 불현듯 시부야 스크램블의 풍경이 스쳐지나갔다. 나는 바로 이불을 박차고 일어나 밖으로 나갈 준비를 했다. 그리고 전철을 타고 시부야로 향했다.

출구에서 나오자마자 보이고 들리는 시부야의 활발함과 소란스러움이 내 외로움을 우걱우걱 삼켜주었다. 나는 시부야의 장난감 가게에서 장난감을 사고, 서점에서 책을 보고, 잡화점에서 아기자기한 소품들을 구경하고, 옷가게에서 옷을 사고, 맥도날드에서 혼자 끼니를 해결했다. 그러자 오늘의 이 시간이 굉장히 알차게 느껴졌다.

하지만 혼자 시부야에서 보낸 시간 동안 고독한 단내는 다시금 외로움을 인정하게 했다.

하지만 혼자라도 괜찮다, 시부야는. 혼자 있어도 충분히 즐거운 곳이니까.

거리에서 팔던 파르페를 먹고 나니 달콤한 크림과 딸기맛이 씁쓸한 고독한 맛을 없애 주었고 나는 손에 뿌듯함을 가득 들고서 기숙사로 돌아왔다.

하라주쿠의 입구이자 젊음의 상징인 다케시타도리.
이 좁은 골목길에 사람들이 이렇게나 붐빈다.
아마 일본에서 가장 인구 밀도가 높은 곳이 아닐까.

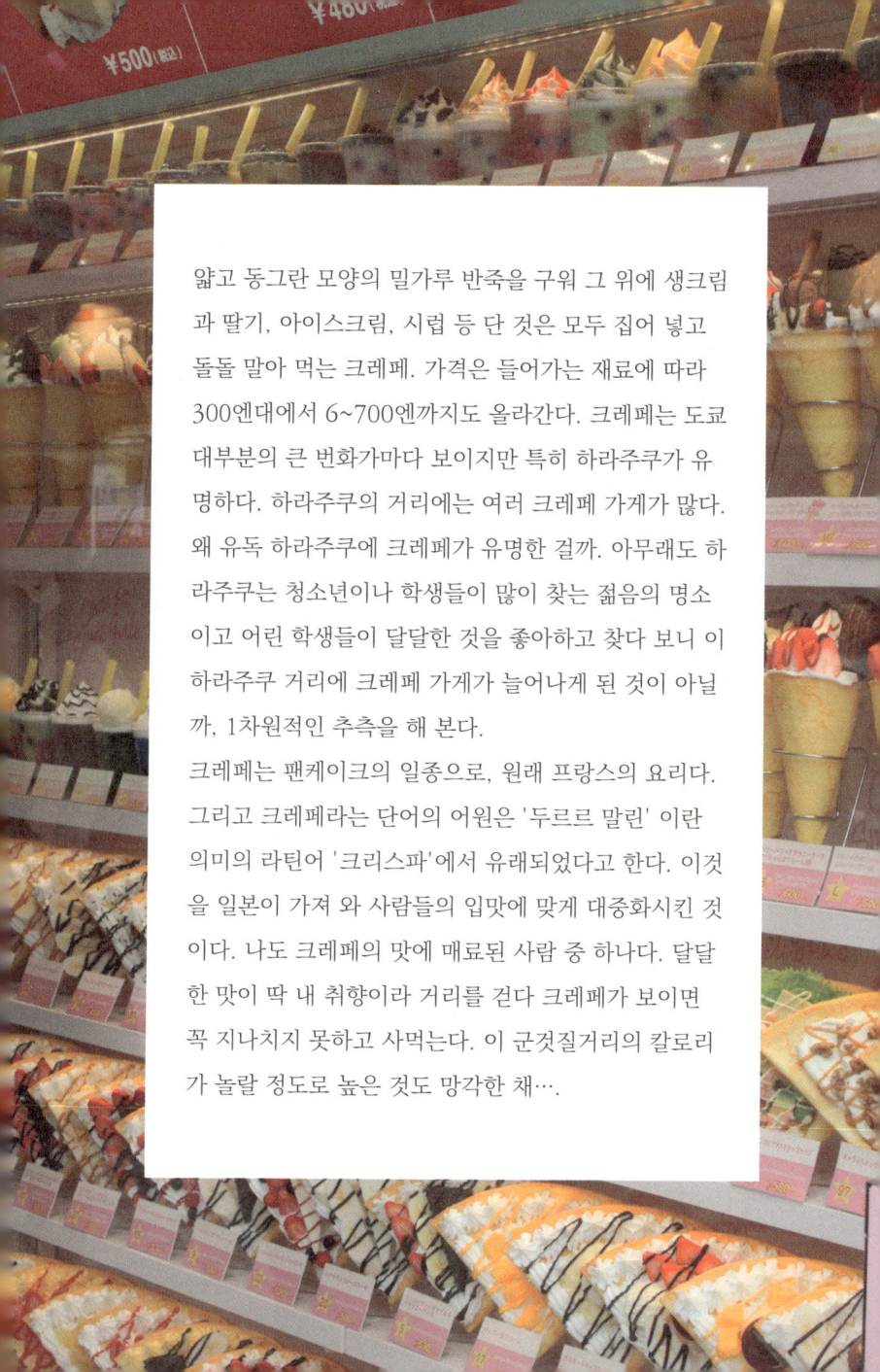

얇고 동그란 모양의 밀가루 반죽을 구워 그 위에 생크림과 딸기, 아이스크림, 시럽 등 단 것은 모두 집어 넣고 돌돌 말아 먹는 크레페. 가격은 들어가는 재료에 따라 300엔대에서 6~700엔까지도 올라간다. 크레페는 도쿄 대부분의 큰 번화가마다 보이지만 특히 하라주쿠가 유명하다. 하라주쿠의 거리에는 여러 크레페 가게가 많다. 왜 유독 하라주쿠에 크레페가 유명한 걸까. 아무래도 하라주쿠는 청소년이나 학생들이 많이 찾는 젊음의 명소이고 어린 학생들이 달달한 것을 좋아하고 찾다 보니 이 하라주쿠 거리에 크레페 가게가 늘어나게 된 것이 아닐까, 1차원적인 추측을 해 본다.

크레페는 팬케이크의 일종으로, 원래 프랑스의 요리다. 그리고 크레페라는 단어의 어원은 '두르르 말린' 이란 의미의 라틴어 '크리스파'에서 유래되었다고 한다. 이것을 일본이 가져 와 사람들의 입맛에 맞게 대중화시킨 것이다. 나도 크레페의 맛에 매료된 사람 중 하나다. 달달한 맛이 딱 내 취향이라 거리를 걷다 크레페가 보이면 꼭 지나치지 못하고 사먹는다. 이 군것질거리의 칼로리가 놀랄 정도로 높은 것도 망각한 채….

'혹시 똑같은 걸 주문하면…　티가 나려나?'

아찔하게 달콤한 파르페. 한 입 베어먹었는데 벌써 아쉬워.

길가에 앉아 크레페를 먹는 내 앞에서 참새 몇 마리가 자꾸 서성거렸다. 크레페를 나눠달라는 것이었다. 나는 그런 참새들이 귀여워 크레페의 반죽 부분을 조금 떼어 던져주었다. 그러자 참새들은 그 조각을 사수하기 위해 저들끼리 사투를 벌이더니 결국 참새 한 마리가 조각을 물고 맞은편 건물의 지붕 위로 날아가 숨어 먹었다. 나는 다른 참새들이 불쌍해서 반죽 조각을 더 떼서 나눠주었다. 참새들은 조각들을 물고 일제히 지붕 위로 날아가 쪼아 먹었다. 그리고 다 먹은 후에는 다시 내 앞으로 돌아와 먹이를 구걸했다. 이미 배가 불러진 나는 계속해서 조각을 떼어 던져주었다. 참새들은 내 발치에 닿을 만큼 가까이 다가와서 애절한 눈빛으로 나를 올려다보았다. 이미 이런 식으로 크레페를 구걸하는 일이 익숙해 보였다. 사람들도 참새에게 이런 식으로 먹던 것을 나눠 주고 있었나 보다. 하지만 이 행위가 참새에게 잘못된 행위라는 것을 뒤늦게 깨달았다. 자신의 먹이는 자신 스스로가 구해야 하는데 언제까지 이렇게 인간들에게 의존하며 먹이를 구걸하며 살아갈 것인지.
이미 그들은 사냥 능력을 잃었을 것이다.

"거기, 걸어가는 어린 아가씨?
잠깐 이리 와 봐.
있잖아,
내가 할 얘기가 있는데,
우리 가게 옷이 사실은 말이지,
정말정말 귀여워.
꼭 나처럼 말이야.
그러니까 잠깐 보고 가지 않을래?
보기만 해도 좋으니까,
잠깐이라도 구경하고 가 줘.

내가 누구냐고? 왜 여기에 있냐고?
나야 호객하는 인형이지 뭐.
안 살거면 가던 길 가도 돼."

그리고 잠시 후 뒤에서 "쟤 옷 입은 꼬락서니 좀 봐"
하고 비웃듯이 킥킥대는 소리가 들렸다.

한 편집숍에서 인형이 그려진 카드와 귀여운 스티커로
예쁘게 장식된 문을 발견했다.
사진으로라도 남기고 싶어서 카메라를 들어올려
찰칵, 찍는 순간 내 앞으로 점원이 슥 지나갔다.
왠지 사진 찍는 것을 불쾌하게 여기는 것 같아 순간
무안해졌다.
하지만 새빨간 머리와 예쁜 벽이 조화를 이루어
얼떨결에 꽤 맘에 드는 컷을 얻을 수 있었다.

도쿄의 이곳저곳을 다니며 눈으로만 담기에는 아쉬운
것들을 나는 어떻게든 사진으로 기록하려고 애썼다.
그러다보니 여기선 촬영하면 안 된다며 촬영 제지를
당하기도 하고, 먼저 허락을 구하려고 해도 거절당하는
경우가 있었다.

미안합니다, 너무 예뻐서 그 광경을 놓치기가 싫었어요.
욕심부려서 죄송합니다.
사진으로 남기지 못한 것은 어쨌든 눈에는 담았으니
영원히 그 잔상을 잊지 않을 거예요.

일본에 '스위머'라는 팬시 브랜드가 있다. 소녀들이 좋아할 만한 알록달록하고 아기자기한 팬시 용품을 판매하는 곳이다. 하라주쿠를 본점으로 두고 일본 전국에 점포가 분포되어 있다. 상품을 보면 정말 예뻐서 가격이 꽤 나갈 것 같지만 놀라울 정도로 저렴하다. 그래서 한국에도 해외에도 이 메이커를 사랑하는 팬들이 많다.

하지만 이 스위머가 2018년 초 이전에 모든 점포를 정리한다고 한다. 이유는 상품 제작 단가가 높아져서 더 이상 저렴한 가격으로 판매할 수 없는 것으로 추정하고 있다. 사람들은 가격이 조금 높아져도 상관없는데 왜 굳이 다 정리해 버리냐며 아쉬워하고 있다. 나도 이 메이커를 좋아하는 한 사람으로서 많이 아쉽다. 뭔가 더 이상 경영이 불가능한 사정이 있었겠지.

박수칠 때 떠나는 스위머. 언젠가 다시 부활할 수 있기를.

내 주인은 언제쯤 나타나 줄까?

세상의 타일이 커다란 'PUMP' 혹은 'DDR' 이라고 생각해보면
걷는 것도 조금은 더 즐거워지지 않을까.

마치 어린아이가 스케치북에 크레파스로 끄적인 듯한 그림의
옷가게 간판. 옷과는 그다지 상관이 없어 보이지만
괜히 그 가게에 한 번 들어가보고 싶게 만들었다.

거리의 한 공공물에 덕지덕지 붙어 있는 스티커와
낙서들이 눈에 띄었다.

나는 이런 걸 추구하는 사람이야.
나는 이런 신념을 갖고 있어.
나는 이 문구를 좋아해.
나는 이 브랜드를 좋아해.

그들의 취향과 신념이 보이는 작은 외침들.
이런 풍경마저 재미있게 느껴졌다.

하라주쿠 관광 안내소에 있는 알록달록한 시계.
일본의 유명 아티스트 '마스다 세바스찬'의 작품으로,
알록달록한 장난감으로 꽉 채워져 있어 하라주쿠의
분위기와 정체성을 잘 보여주고 있다. 커다란 시계 주
위에는 다른 나라의 시간을 보여 주는 작은 시계들도
있다.
그런데 뉴욕도, 런던도, 홍콩도, 상하이도 있는데 왜 바
로 옆나라인 한국 서울의 시계는 없는지 조금 서운한
기분이 들었지만 한국과 일본은 시간대가 같아서 없는 것
일 수도 있겠구나, 하고 스스로 납득하기로 했다.

내가 사랑하는 음악만 틀어준다면
지금 당장 이 자리에서 신나게 춤출 수 있어.
그곳이 시부야 스크램블 교차로 한복판이라고 해도!

이곳엔 특이한 간판이 많다. 한국에서는 보기 힘든,
심의 규정에 어긋날 만한 엽기적인 간판이 더러 있다.
개성이 넘치는 젊은 거리, 하라주쿠니까 가능한 것이
아닐까 싶다.

사람들의 시선을 끌어들이는 특이한 간판들.
마치 도심 안의 속속들이 숨겨진 갤러리를 보는 것 같다.

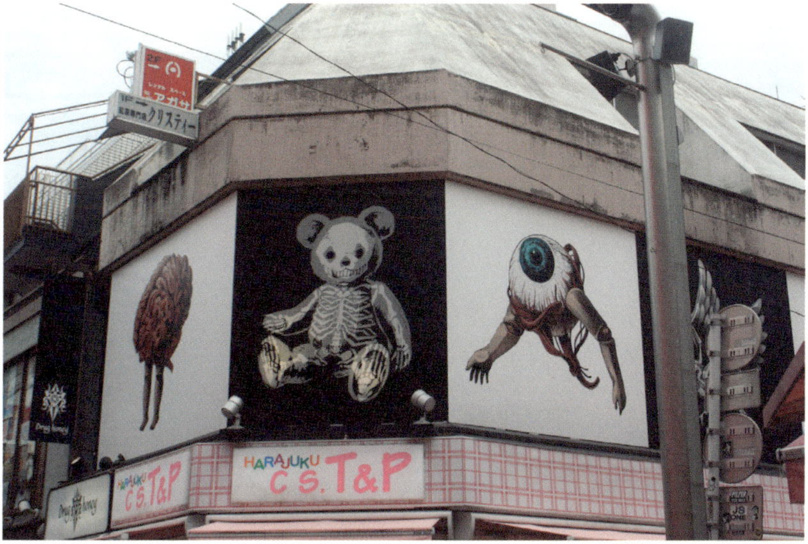
HARAJUKU
C S. T&P

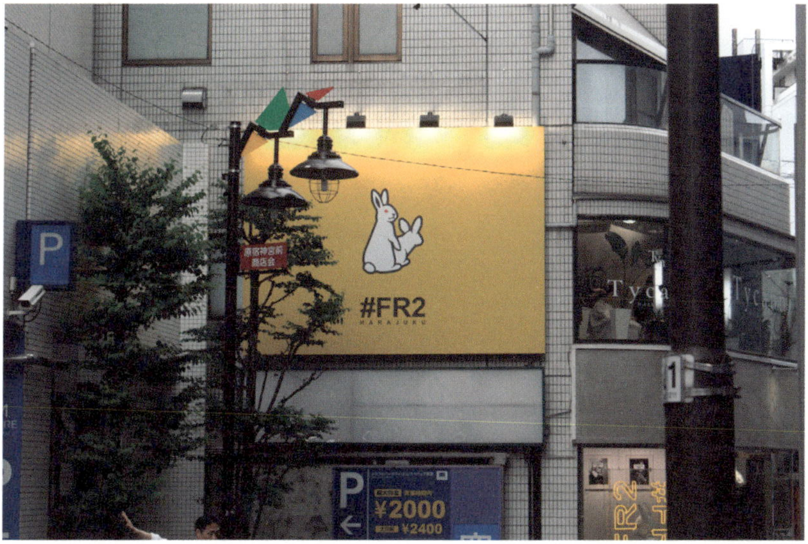
#FR2
P
¥2000
¥2400

복잡하고 시끌벅적한 다케시타도리 안에서
우연히 발견한 좁은 골목길.
간판이나 팻말이 없는 걸 보니 일반 가정집 같았다.
내 쪽으로 느적느적 걸어오는 검은 고양이가
번잡함 속의 한가로운 풍경을 완성해 주었다.

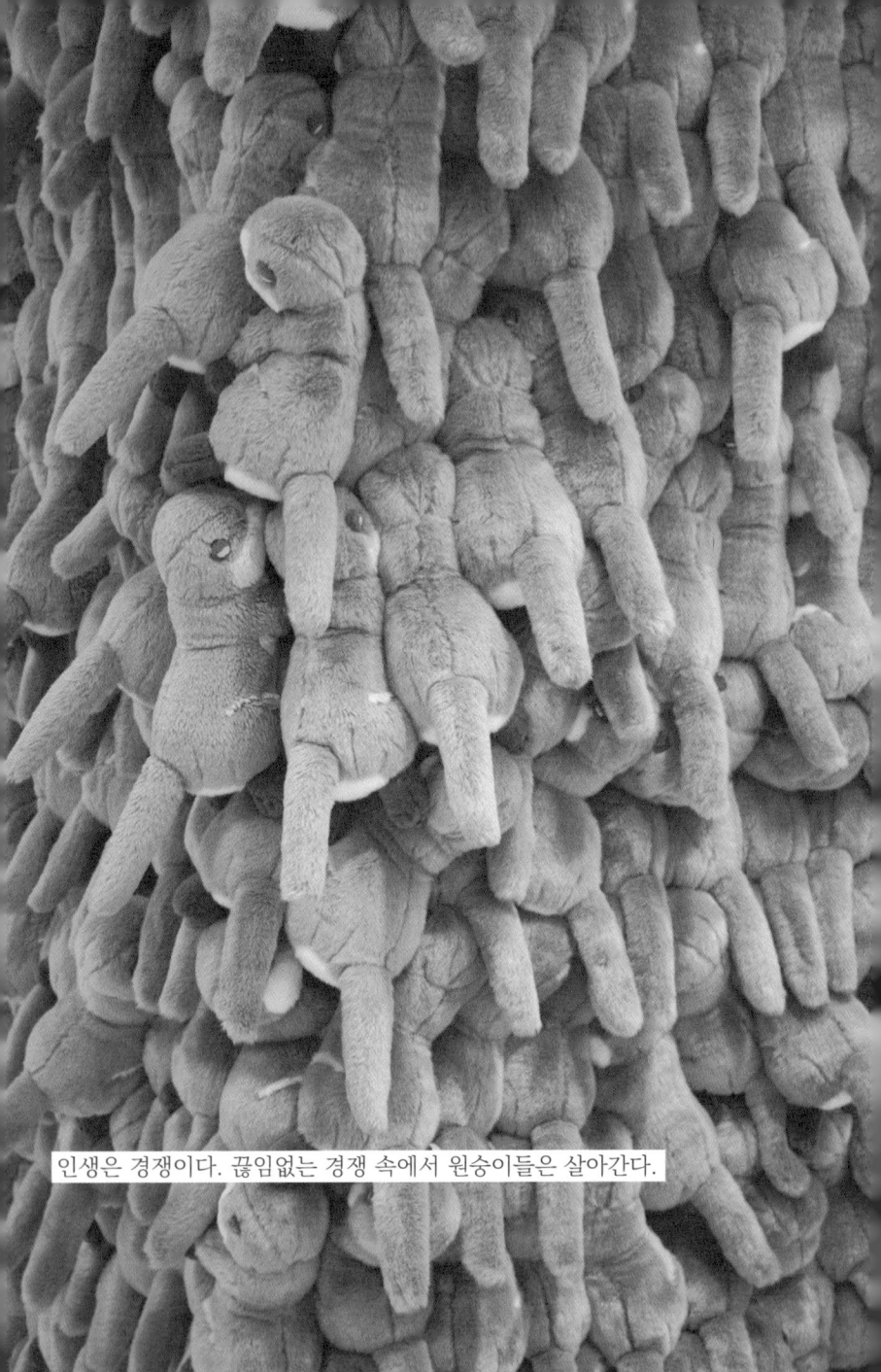

인생은 경쟁이다. 끊임없는 경쟁 속에서 원숭이들은 살아간다.

은근히, 계속해서 이루어지고 있는 너희들의 업적.

도라에몽

이미 별세한 만화가 후지코 F 후지오의 손에서 탄생. 1969년 일본 쇼가쿠칸에서 발행하는 어린이 잡지의 단편만화에서 처음 모습을 드러냈다. 도라에몽은 귀가 없는 고양이의 모습으로, 미래에서 온 만능 로봇이다. 2등신의 귀여운 몸뚱이와 빨간 코, 동그란 손, 배에는 무엇이든 들어있는 주머니를 가지고 있다. 고양이지만 쥐를 무서워하고, 도라야끼라는 단팥빵을 매우 좋아한다. 찌질이 진구에게 없어서는 안될 조력자. 도라에몽을 보고 자라는 어린이들에게 풍부한 상상력을 심어 주고 과학적 영감을 주는 아주 이로운 캐릭터이다.

후낫시

2011년 어느 한 사람이 자신이 살아온 후나바시 시를 알리기 위해 이 캐릭터를 만들고 트위터로 활동을 시작했다. 2차원 캐릭터를 넘어 캐릭터 형상의 인형탈을 쓰고 다양한 홍보 활동을 시작하며 TV에서도 자주 등장하기 시작해 웬만한 연예인 못지 않은 인기를 누리게 되었다.

후나바시 시에 이 캐릭터를 시의 공식 캐릭터로 등록하려 시도했지만 시에서는 이 캐릭터를 인정해 주지 않았다고 한다. 그에 굴하지 않고 후낫시는 여기저기에 모습을 드러내며 자신의 존재감을 알리고 있다. 괴성을 지르고, 점프를 하며 정신없는 행동을 보이는 것이 이 캐릭터의 특징이다. 비교적 최근에 등장했지만 이제는 이미 일본을 대표하는 캐릭터 중 하나가 되어 있다.

조각을 전공했고 인형을 좋아하는 탓인지 나는 마네킹에 관심이 매우 많다. 옷을 보러 가면 옷보다 마네킹의 얼굴에 더 눈길이 간다. 그래서 나는 일부러 다양한 마네킹을 구경하기 위해 패션몰에 찾아가기도 한다.
마네킹은 단순한 장식물이 아니다. 옷가게의 간판이자 모델, 호객꾼이며 하나의 예술 작품으로서 존재한다.
그들이 입고 있는 옷, 신발, 헤어스타일, 액세서리, 표정, 자세, 그리고 서 있는 위치까지 조화가 어우러지면 마치 하나의 설치 미술품 같다.

가끔 이런 상상을 한다. 세계의 독특한 마네킹을 수집해 〈마네킹 박물관〉을 만드는 상상. 그래서 어느 멋진 마네킹을 보면 '음, 얘는 마네킹 박물관 수집 목록에 넣어야겠군' 하고 상상해본다. 그래서 매번 외출할 때마다 오늘은 어떤 독특한 마네킹과 조우할 수 있을지 기대하기도 한다. 혼자서 하는 상상놀이지만, 꽤 즐겁다.

오모테산도

하라주쿠가 젊음의 거리라면 그 바로 옆의 오모테산도는 조금 더 조숙하고 고급진 분위기를 풍기는 브랜드의 거리다. 2차선 도로를 가운데에 두고 길게 뻗은 양쪽 거리에는 다양한 명품 매장과 의류 매장, 뷰티 숍, 고급스러운 카페 등이 늘어서 있다. 이곳을 걸으며 매장들의 고급스럽고 흥미롭게 장식된 쇼 윈도를 보는 재미가 쏠쏠하다.

뒷모습만 봐도 서로 마음이 잘 맞는 친구라는 것이 느껴졌다.

골목 끝에서 빼꼼 하고 얼굴을 내민 귀여운 박스카.

페퍼

일본의 번화가를 걷다보면 심심찮게 발견할 수 있는 인공지능 로봇 페퍼. 나는 페퍼에게 관심이 꽤 있는 편이라 거리에서 발견하면 쉽게 지나치지 못한다. 주로 전자제품 판매점이나 통신사, 핸드폰 대리점, 심지어 유명한 노래방 입구에서도 이들을 만날 수 있다. 귀여운 얼굴에 초등학생 아이만한 몸집의 페퍼는 일본의 통신사인 소프트뱅크가 인수한 프랑스의 로봇 회사에서 만든 것이라고 한다.
가슴에 모니터를 달고 무언가를 알려주는 기능이나 대화 기능이 있어 손님 접대용 로봇으로 고용(?)되고 있다.
그리고 이런 페퍼를 가족처럼 여기는 일본인들도 꽤 있다고 한다. TV 방송에서 페퍼를 커다란 유모차에 태우고 산책을 나가거나 이들을 자식처럼 키우는 사람들이 모임을 갖고 소통하는 모습을 본 적이 있다. 신선한 장면이네, 하고 생각했지만 곧 내 모습과 다를 바가 없다는 것을 깨달았다. 인형수집가인 나도 내가 아끼는 인형은 이름을 붙여 주거나 아무도 모르게 말을 걸곤 하기 때문이다.
영혼이 없는 대상을 영혼을 가진 존재로 인식하고 사랑을 주는 것. 그 행위만으로도 정말로 어떤 '생명'을 창조해 낼 수 있을 것만 같다.

고양이 아저씨

오모테산도의 거리를 걷다 한복판에서 많은 고양이들을 태운 유모차와 그 주인인 듯한 아저씨를 발견했다. 이미 고양이들의 주변에는 여러 사람들이 모여 귀엽다는 감탄사를 연발하며 사진을 찍고 있었다. 고양이를 좋아하는 나도 가까이 다가가 보았다.
"고양이 쓰다듬어도 되나요?"
"그럼요, 이 아이들은 사람들이 만져주는 걸 좋아해요."
고양이들을 조심스레 쓰다듬어보았다. 그다지 반응이 없고 얌전한 걸 보니 이미 사람들의 손길에 익숙한 것 같았다. 그래도 스트레스 받지 않을까, 정말 괜찮은 걸까 싶었지만 고양이들의 곱고 윤기나는 털을 보니 주인 아저씨가 이 아이들을 정말로 사랑하고 아낀다는 걸 느낄 수 있었다.
며칠 후 TV에서 아저씨와 고양이들을 다시 만날 수 있었다. 매일 그렇게 거리에 나와 있고 알아보는 사람들이 많다 보니 이미 일본에서는 유명 인사인 듯 했다. 고양이들을 사랑스러운 눈길로 바라보는 아저씨의 모습이 고양이들보다 더 인상적이었다.

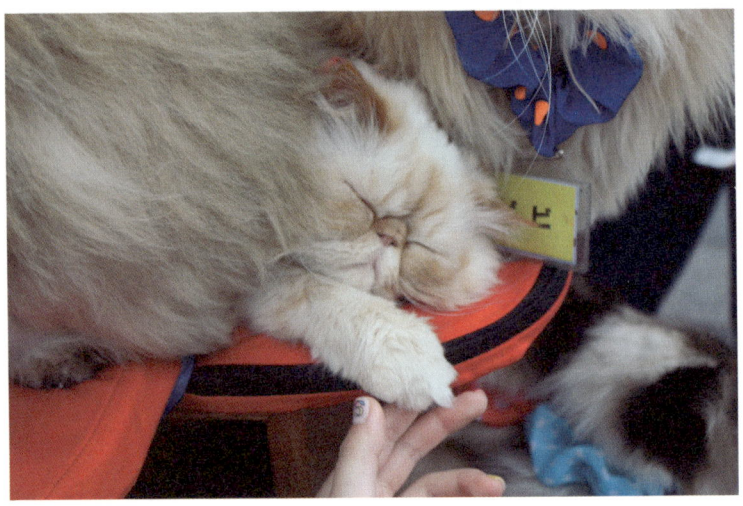

횡단보도 앞에서 초록불이 되기를 기다리고 있었다.
내 옆에 서 있던 한 서양인 아저씨가 나에게 영어로
물어왔다.

"한국에서 왔죠?"
"아… 네. (어떻게 알았지…?)"
"여행하기에 도쿄가 좋은가요, 서울이 좋은가요?"
"음… 둘 다 좋아요. 각 도시만의 매력이 있으니까요.
서울에도 놀러오세요."

여기 세 컷은 모두 비슷한 공간에서 찍은 것이다.
같은 공간인데도 내가 보는 시야에 따라 전혀 다른 풍경이 펼쳐진다.

요요기 공원

하라주쿠와 메이지진구 옆에 위치한 요요기 공원은 도쿄의 우에노 공원, 이노카시라 공원과 함께 3대 공원에 속한다(필자 선정 기준). 나는 해가 서서히 저물 때인 오후 다섯시 쯤 요요기 공원을 찾았다. 요요기 공원의 풍경은 기대한 것보다 다채로운 풍경을 보여주었다. 공연을 하는 아마추어 싱어들, 묘기를 부리는 사람들, 다정한 연인, 강아지와 산책을 나온 사람, 돗자리를 깔고 한 자리에 모인 사람들, 조깅하는 사람…
그런 하나하나의 작은 풍경 조각들은 비록 일상적일지라도 여행자인 나에게는 한 장면 한 장면이 화폭처럼 다가왔다.

구글 지도 어플에 '요요기 공원'을 한글로 입력해도 검색할 수 있다.
JR 하라주쿠 역 오모테산도 출구 도보 4분.

공원에는 여유로운 공기와 차분한 온도가 흐른다.
이 공간 안에서는 높고 빽빽하게 모여 햇빛을 가리는 빌딩도 없고, 매연을 뿜어대는 자동차도 없고, 바쁜 사람들을 컨테이너 기계처럼 실어 나르는 전철도 없다.
일상 속의 여유를 찾기 위해 사람들은 공원에 모이고 그 안에서 잠시 숨을 돌린다.

나무와, 길과, 느린 걸음으로 걸어다니는 사람들 속에서 나도 공원 속의 차분한 공기를 마시며 평소에 자주 듣지 못했던 새 소리와 나뭇잎이 흔들리는 소리를 느낀다. 평소에 자주 올려다보지 않았던 하늘을 올려다 보기도 한다.
여유를 찾으러 일주일에 한 번 이상은 꼭 공원에 오고 싶다.

신주쿠

신주쿠의 도에이 영화관 위에 있는 거대한 고질라 설치물.

도쿄가 일본의 심장이라면 신주쿠는 도쿄의 심장이다.
이곳은 교통의 요충지이며 신주쿠 부근의 전철 역 출구는 수십개에 달한다. 지도가 있어도 길을 잃기 쉬울 정도로 신주쿠에는 건물도 많고 사람도 많다. 분위기는 서울의 강남과 비슷하다.
이렇다보니 외국인들에게는 관광 필수코스이며 일본인들의 약속 장소로 많이 꼽히기도 한다. 또한 신주쿠에는 무료로 전망대를 이용할 수 있는 도쿄도청이 위치해 있으며 신주쿠역을 중심으로 히가시신주쿠, 미나미신주쿠로 나뉜다. 조금 더 걸어가면 한인타운인 신오오쿠보가 나온다.

도쿄 유학 시절, 신주쿠의 밤거리를 혼자 걸었던 적이 있다. 갑자기 내 또래의 남자가 내 어깨를 붙잡으며 "혹시 알바 안 할래?" 하고 물어왔다. 술집이나 유흥 알바를 제안하고 있다는 감이 바로 왔다. "그런 거 관심 없으니까 저리 가 주세요." 하고 대답했다. 하지만 그는 "아니면 친구라도 하자"며 끈질기게 굴었다. 나는 머리를 굴려 어느 유명한 쇼핑 센터의 위치를 그에게 물었고, 그는 자신이 잘 알고 있다는 듯 방향을 가리키며 위치를 알려 주었다. 나는 "고맙습니다, 안녕히 가세요" 하며 자연스럽게 그 상황에서 빠져나왔다.
그러나 얼마 후 그 부근에서 다시 그와 마주쳤다. 그곳에서 상주하며 호객 행위를 하는 모양이었다. 그는 나를 처음 본 듯이 "혹시 알바 안 할래?" 하며 다가왔다. 나는 그 상황이 우스워서 한번 풉 웃고는 그에게 쏘아붙였다.
"이런 호객 행위 하는 게 즐거워? 당하는 사람들은 얼마나 귀찮아 하는 지 몰라? 민폐 좀 그만 끼치고 집에나 들어가라."
그렇게 말한 후 나는 제 갈 길을 갔다. 속이 후련했다.

로봇또, 로봇또, 레-스-토-랑
로봇또, 로봇또, 신주쿠에 ♬
로봇또, 로봇또, 레-스-토-랑
로봇또, 로봇또, 가부키초 ♬

구글 지도 어플에 영문 'robot restaurant'
혹은 일본어로 입력해도 검색할 수 있다.
www.sinjuku-robot.com

일본 최대의 환락가인 '가부키초'도 신주쿠에 위치해 있다. 가부키초는 술집, 호스트바, 클럽 등 유흥업소로 가득한 골목이며 언뜻 들으면 발도 들이면 안 될 정도로 위험한 곳으로 느껴지지만 생각보다 쉽게 골목을 지나다닐 수 있다. 신주쿠를 방문한 관광객들도 이곳을 쉽게 찾는다. 하지만 밤이 되면 호객 행위를 하는 사람들이 늘어나고 범죄도 잦은 곳이기 때문에 조심할 필요는 있다.

이 괴상하고 거대한 미녀(?) 로봇들은 가부키초 골목으로 조금 들어오면 만날 수 있다. 이곳은 '로봇 레스토랑'이라는 이름의 레스토랑이자 클럽이자 공연장이다. 이 로봇들은 가게가 영업을 하지 않아도 항상 가게 앞에서 사람들의 이목을 끌어모은다. 관광객들은 줄을 서서 이 로봇들과 함께 사진을 찍기 바쁘다.

이들은 사람보다 두 배 가량 큰 몸집을 하고 양팔을 삐걱삐걱 움직인다. 눈동자도 좌우로 움직이며 껌벅껌벅대기도 하고 입술도 뻐끔뻐끔 움직이는데 이 모습이 상당히 그로테스크하다. 하체는 투박한 기계로 되어 있으며 배 부분에 의자가 있어 사람이 앉을 수 있게 되어 있다. 그리고 멜로디가 독특한 레스토랑의 홍보 곡이 계속 흘러나와 노이로제에 걸릴 정도였다. 그 곳을 떠나와서도 함께 찾아갔던 친구와 주제곡을 계속 따라 부르며 깔깔댔다.

일본이기에 가능한, 일본에서만 만날 수 있는 독특한 레스토랑. 안으로 입장하면 더 많은 로봇이 있으며 눈이 아플 정도의 형형색색의 쇼를 볼 수 있다고 한다. 입장료는 8000엔 정도이며 3년 전에 갔을 때와 비교하면 3000엔 정도가 더 오른 가격이다. 외국인 관광객들에게 특히나 인기가 많고 유명세가 식을 줄 모르다보니 가격이 오른 듯 하다. 나도 언젠가는 이 수수께끼의 레스토랑에 꼭 들어가 볼 생각이다.

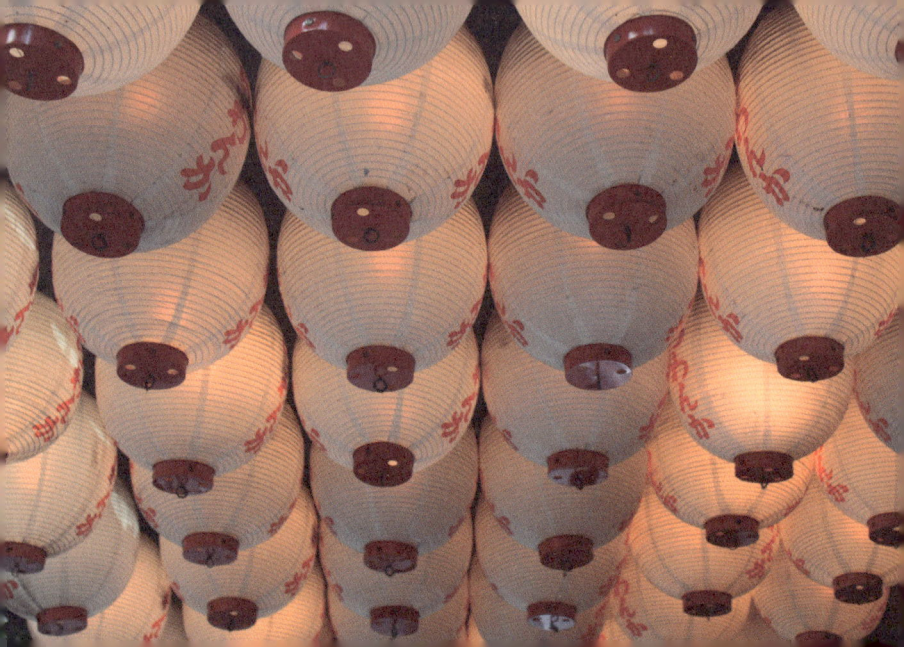

비극이 될 뻔 한 코인락커

이번에 도쿄에서 머무르는 동안 또다른 친한 친구도 일정을 맞추어 2박 3일 간 도쿄에 놀러 왔다. 저녁에 호텔로 들어 갈 때까지 캐리어를 계속 끌고 다닐 수 없는 노릇이기에 코인락커에 맡기기로 했다. 하지만 대부분의 코인락커가 차 있었고 코인락커의 크기와 캐리어가 잘 맞지 않아 당최 어디에 맡겨야 할지 막막했다. 그러다 한 역의 코인락커에 자리가 비어 있는 것을 발견했고 우리는 신나서 캐리어를 집어넣었다. 그리고 바로 자리를 떴다.

그런데 얼마 후, 코인락커의 영수증을 챙기지 않았다는 것을 깨달았다. 열쇠형이 아닌 경우에는 요금과 짐을 넣은 후에 영수증이 나오는데, 거기에 다시 짐을 찾을 때 입력해야 하는 비밀번호가 적혀 있다. 그것을 미처 챙기지 못한 것이었다. 하지만 괜찮겠지, 어떻게든 열겠지, 찾을 수 있을 거야 하고 우리는 스스로를 위안했다. 그리고 주변을 돌아보고 식사를 한 다음 호텔로 들어가기 전 다시 캐리어를 넣은 코인락커를 찾았다. 하지만 역시나 비밀번호를 모른 채로 열 수 있는 방법은 없었다. 우리는 그 옆에 있는 역무실로 갔다. 그런데 전철 역과 코인락커를 운영하는 곳은 엄연히 다른 회사였고 코인락커의 회사는 저녁 9시까지 전화를 받으며 때마침 9시가 지난 시각이었다. 역무원들이 아무리 그쪽에 전화를 받지 않아 어쩔 수 없이 다음 날 아침에 찾기로 했다. 친구와는 어쩔 수 없이 내 세면 용품을 나눠 써야 했고 다행히도 여권이나 지갑 등 중요한 물품은 모두 친구가 메고 있던 가방에 있었다.

다음 날, 역무실을 다시 찾아 코인락커의 회사와 전화 연결을 부탁했다. 그리고 얼마 후 코인락커 회사의 직원들이 왔고, 그들이 비상 열쇠로 열어 주면서 친구는 캐리어를 되찾을 수 있었다. 친구는 너무 감격스러워서 다리가 풀릴 것 같다고 말하며 기뻐했다. 그동안 말은 안 했지만 혹시라도 아예 캐리어를 되찾지 못한 채로 한국에 돌아가게 될까봐 토할 정도로 걱정하고 있었다고 친구가 말했다.

코인락커는 다음 날이 되면 배로 추가 요금이 붙는다고 한다. 늦은 저녁에 맡겨도 그렇다. 결국 친구는 500엔의 추가 요금만을 냈고, 따로 출장비를 내지 않아도 됐다.

여태 코인락커를 수도 없이 사용했지만 영수증을 깜빡한 건 처음이었다. 나도 영수증을 챙겨야 하는 것을 친구에게 알려주지 못하고 까맣게 잊고 있었기 때문에 이건 우리 둘 모두의 잘못이라고 볼 수 있다. 만약 비행기를 타기 직전에 이런 일이 생겼다면 생각만 해도 아찔하다. 아마 친구는 맨몸으로 한국에 돌아가야 하고, 그 캐리어는 내가 들고와야 하지 않았을까….

코인락커에 짐을 넣은 후에는 꼭! 영수증을 챙기자.

그리고 또 맥도날드에서는 이런 일이 있었다.

캐리어를 되찾은 후 우리는 맥도날드에서 아침을 먹기 위해 해피밀 세트를 주문했고 속이 좋지 않았던 친구는 음료 하나만 주문했다. 주문한 것을 가지고 2층 매장으로 올라온 다음 우리는 구석 자리에 서로 마주앉아 나는 식사를 하고 친구는 앞에서 화장을 시작했다. 화장품이 캐리어 안에 있었던 탓에 여태 계속 화장을 못 하고 있었던 것이다. 친구는 완전히 맨얼굴이었기 때문에 열심히 화장을 했다. 그리고 음식을 먹기 전 손을 씻기 위해 잠시 화장실에 다녀온 나에게 친구가 말했다.

"아까 너 화장실 간 사이에 점원이 나한테 와서 뭐라고 했는데 못 알아들었어."

"그래? 무슨 일이지?"

나는 다시 식사를 시작했고 친구도 화장을 계속했다. 그런데 갑자기 매장을 청소하던 우리 또래로 보이는 젊은 남자 점원이 우리에게 다가왔다. 그리고 친구에게 단호하게 말했다.

"화장 좀 그만 해 주시겠어요?"

나는 깜짝 놀랐다. 친구는 여전히 알아듣지 못하고 지금 이 사람이 무슨 말을 하냐며 눈짓으로 나에게 물었다. 점원은 친구를 보며 한번 더 말했다.

"화장 좀 그만 해 주시죠."

그는 그렇게 말 한 후 다른 쪽으로 가서 다시 청소를 계속했다. 그리고 나는 친구에게 말을 전달해 주었다.

"여기서 화장 그만 해 달래…."

나도 친구도 놀랐다. 매장 안에서 화장을 하는 것으로 점원에게 그렇게 혼이 날 줄은 몰랐기 때문이다.
한국이라면 패스트푸드점 매장에서 누가 화장을 한들 그다지 신경 쓰지 않았을 것 같다. 하지만 일본은 아무리 가까운 옆나라라도 문화가 다른 점이 있어 이 행위가 주변 사람들에게 민폐가 되는 모양이다. 일본이라는 나라는 특히 남에게 민폐를 끼치는 것을 정말 꺼려하고 아무데서나 화장을 하지 않는다고 들은 적이 있다.

나는 식사를 마친 후 1층으로 내려가 나이가 더 많아 보이는 다른 점원에게 물었다.
"혹시 매장 안에서 화장하는 거 많이 민폐인가요…?"
그러자 그 점원은 "글쎄요…" 하며 잠시 위를 보고 생각한 후 말을 이었다.
"아무래도 화장실에서 하시는 편이 외관상 낫죠."
"역시 그렇죠… 알겠습니다."
점원에게 한 소리를 들은 친구는 기분이 꽤 불쾌해 보였고 나도 좀 당황했지만 잘못한 건 잘못한 거다. 문화가 다른 건 이해해야 하니까. 그래도 점원이 우리에게 너무 차갑지 않게 설명해 주었다면 좋지 않았을까 싶기도 하다.

신주쿠의 역무원들은 바쁘다 바빠

일본인 친구가 사는 곳과 내가 있는 곳 사이의 적당한 환승역인 진보초 역에서 만나기로 약속을 잡았다.
친구보다 한시간 더 일찍 이곳에 도착하여 거리를 걷다 보니 헌책방이 쭉 나열되어 있는 것이 보였다.
알고 보니 이곳은 고서점 거리였다. 그것도 세계 최대 규모라는데, 실제로 와 보니 정말 서점들이 많았다.
일본에 자주 오고 책을 좋아하는 내가 왜 여태 여길 몰랐는지!
이곳은 신간 서점도 있지만 헌책방이 더 많다. 거리에 헌책 냄새가 풍길 정도다.
주변에는 대학교들이 모여 있어 대학가라고도 하며 일본의 유명한 코믹스 출판사인 '슈에이샤'와 '쇼가쿠칸'등이 이 근처에 위치해 있으며 다른 여러 출판사들도 이곳에 많이 있다고 한다.
대학가인데다 환승역인 만큼 이곳은 번화가이기 때문에 많은 사람이 길을 지나다니고 서점 뿐 아니라 다양한 식당과 상점이 있다.
그리고 골목으로 조금 들어가면 비교적 고요한 헌책방들이 묵묵히 자리잡고 있다.

책 향기가 좋다.

내 마음을 차분하게 하고 감성에 젖게 하는 향은
그 어느 향수와 비교할 수 없을 정도로 좋은 '향기'.
신간을 다루는 서점에서는 상큼한 새 종이 냄새와
잉크 냄새가 나고
헌책방에서는 그윽한 나무 냄새와 오래된 종이 냄새,
미세한 곰팡이 냄새가 난다.
어느 쪽이 더 좋냐 물으면 둘 다 모두 좋아하지만
사람의 손길 냄새와 그 책이 있었던 장소의 냄새가 배인 헌책방의 향이 더 깊고 진하게 느껴진다고 말할 수 있다.
마치 깊게 우린 차나, 커피처럼 말이다.

도쿄타워

도쿄 하면 많은 사람들이 제일 먼저 떠올릴 랜드마크인 도쿄타워. 몇년 전 까지만 해도 도쿄에서 가장 높은 건물(333m)이었으나 이보다 두 배 가량 더 높은 스카이트리(634m)가 세워지면서 인기가 조금 시들은 감이 있지만 도쿄의 대표적인 랜드마크라는 그 명성은 변함이 없다. 도쿄타워를 소재로 한 소설과 영화, 드라마까지 나와 있는 걸 보면 말이다.

1959년에 완공된 도쿄타워는 파리의 에펠탑을 모방해 만들어진 전파 수신용 탑이라고 한다. 또한 유료 전망대와 다양한 기념품 가게, 원피스 캐릭터숍, 특별 전시장 등이 있어 도쿄의 대표 관광명소의 명성을 이어가고 있다.

해가 지고 난 후에는 외부 전체에 설치된 조명이 환하게 켜지며 주로 밝은 오렌지 색으로 빛난다. 시기와 시간에 따라 다양한 색으로 빛나기도 한다.

Q.도쿄 타워의 높이는 왜 333m인가요?
A. 이 철탑을 건설할 때 전파 과학의 권위자를 모아 각각 면밀하고 신중하게 검토한 결과, 도쿄 지역의 VHF TV 방송국 7국 이상과 앞으로 개국이 예정되는 UHF 방송국이 도쿄를 중심으로 간토 일대를 서비스 지역으로 하여 전파를 보낼 경우 필요한 철탑 높이가 333m임을 알았기 때문입니다.

Q.야간 조명 연출에 들어가는 전기료는 얼마나 되나요?
A. 1일 평균 21,000엔 정도입니다.

Q.도쿄 타워의 야간 조명은 몇 시에 소등되나요?
A. 기본적으로는 오전 0시에 소등됩니다. (※그동안 도쿄타워 라이트 업은 매일 밤 자정에 소등하였으나, 상기 리뉴얼 공사 기간에는 동틀녘까지 점등합니다.)
소등 순간을 연인과 함께 보면 행복해진다는 전설이 있어서, 0시가 가까워지면 많은 커플이 도쿄 타워 아래에 모여 도쿄 타워를 바라봅니다.

출처 : https://www.tokyotower.co.jp (도쿄타워 공식 홈페이지)

도쿄타워 옆을 지나가다 발견한 마리오 카트라이더 무리.
사람들의 이목을 집중시키는 이 무리는 한때 인터넷에서 꽤 유명했었다. 현지인도 외국인도 자동차 면허가 있으면 참가비를 지불하고 참가할 수 있다고 한다.
코스튬까지 맞춰 입은 라이더들과 카트가 귀엽기도 하고, 우습기도 하고, 부럽기도 하다.
일본에서만 볼 수 있는 진기한 풍경이다.

전철 도에이 오오에도선 아카바네바시 역 도보 5분.
히비야선 카미야초 역 1번 출구에서 도보 7분.
구글 지도 어플에 한글, 영어, 일어로 '도쿄타워'를 입력해도 검색할 수 있다.

조죠지

도쿄타워를 찾을 때마다 함께 들리는 이곳 조죠지(增上寺)는 도쿄타워와 인접한 곳에 위치한 사찰로, 1393년에 창건되었다. 일본의 사찰 중에서도 꽤 넓고 웅장한 편이며 도쿠가와 이에야스 가문의 정치적 후원을 받은 이후부터 번창해 왔다고 전해진다.

그런데 이 사찰의 진풍경은 바로 이 수많은 아기돌부처상들이다. 모두 빨간 털실 모자를 쓰고 있으며 각자 바람개비를 하나씩 지니고 있다. 누가 봐도 뭔가 이곳에 사연이 있겠거니 싶을 풍경이다. 빛을 보지 못하고 떠난 태아와 너무 세상을 일찍 떠 버린 아기들의 영혼을 기리거나, 태어날 아이가 건강하게 잘 자라날 수 있도록 기원하는 마음으로 세운 아기돌부처상이라고 한다. 바람이 불면 돌아가는 바람개비는 아기들의 영혼을 확인하거나 달래주는 도구라고 한다.

이 곳에 있다 보면 이 풍경을 아름답고 숭고하게 느끼면서도 한편으론 마음이 아파온다.

해가 지면 더욱 선명하게 감상할 수 있는 현대와 과거의 공존.

구글 지도 어플에 한글 '조조지' 혹은 영문 'jojoji'로 입력해도 검색할 수 있다.
해가 지면 사찰 전체가 매우 어두워지므로 해가 지기 전에 가는 것이 좋다.
http://www.zojoji.or.jp/

스카이트리

도쿄타워의 명성을 새로이 잇는 도쿄의 두 번째 트레이드마크인 스카이트리. 도쿄타워가 일본의 근대를 상징한다면 스카이트리는 현대를 상징한다. 2012년에 완공되어 그 해 5월에 개장한 스카이트리는 일본에서 가장 높은 건물이며 전파탑으로는 세계에서 가장 높다. 전망대는 유료로 이용할 수 있으며 높이에 따라 입장료의 차이가 있다. 스카이트리 바로 옆에 위치한 '소라마치'에는 일본의 다양한 문화를 상징하는 기념품 가게들이 있는데 아기자기하고 예쁜 상품들이 많아 이를 구경하는 재미가 있다. 이외에도 식료품점, 음식점, 카페와 쇼핑몰, 플라네타리움 등이 있어 항상 사람들로 붐비는 복합 쇼핑몰로 자리잡고 있다. 해가 지면 주로 푸른빛과 보라빛으로 은은하게 빛난다.

바로 아래에서 올려다 보면 그 규모와 웅장함에 충격을 받을 정도이며 멀리서 바라보면 마치 미래 우주도시의 건물 같다.

구글 지도 어플에 한글 '스카이트리' 혹은 영문 'skytree'로 입력해도 검색할 수 있으며
이세사키센 스카이트리 역, 오시아게 역을 통해 갈 수 있다.
http://www.tokyo-skytree.jp/kr/

긴시초

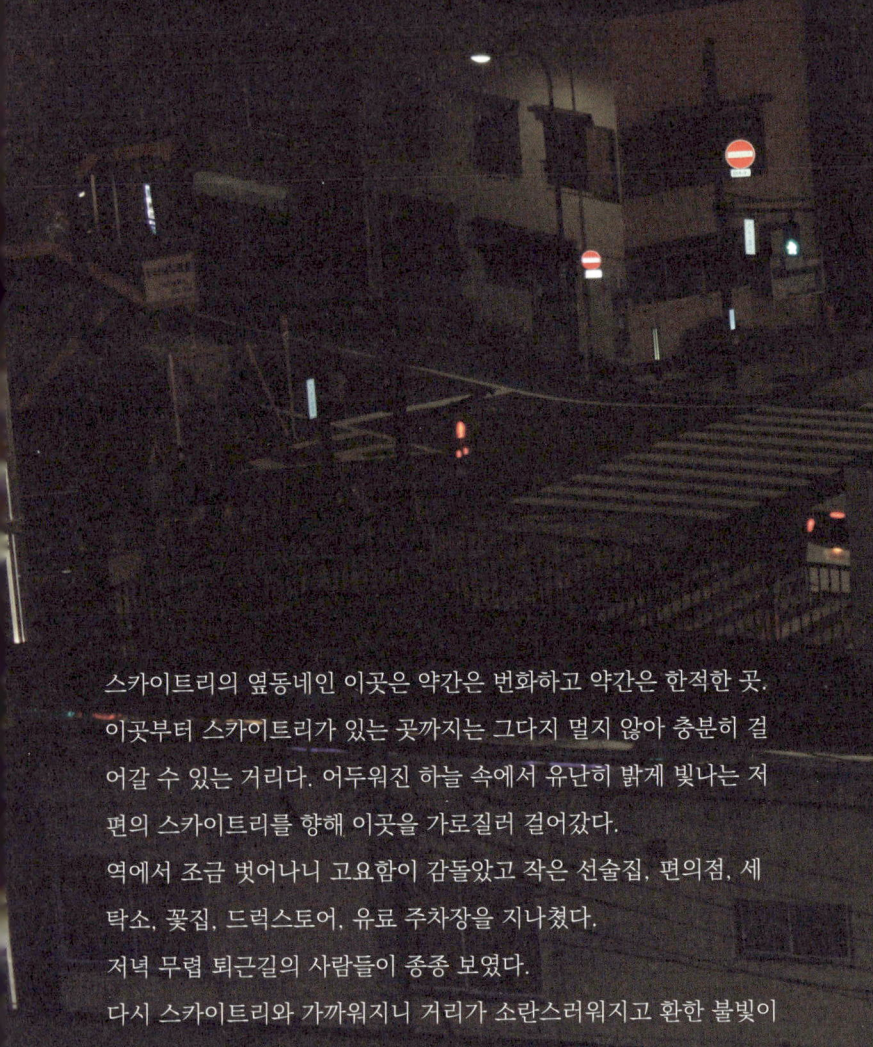

스카이트리의 옆동네인 이곳은 약간은 번화하고 약간은 한적한 곳. 이곳부터 스카이트리가 있는 곳까지는 그다지 멀지 않아 충분히 걸어갈 수 있는 거리다. 어두워진 하늘 속에서 유난히 밝게 빛나는 저편의 스카이트리를 향해 이곳을 가로질러 걸어갔다.
역에서 조금 벗어나니 고요함이 감돌았고 작은 선술집, 편의점, 세탁소, 꽃집, 드럭스토어, 유료 주차장을 지나쳤다.
저녁 무렵 퇴근길의 사람들이 종종 보였다.
다시 스카이트리와 가까워지니 거리가 소란스러워지고 환한 불빛이 많이 보이기 시작했다.

아키하바라

일본에서 가장 오타쿠적인 곳.
지구상에서 가장 애니메이션 캐릭터의 밀도가 높은 곳.
현재 일본을 대표하는 아이돌 'AKB48'의 발원지.
일본 최대의 전자 상점가이자 관광 명소.
아키하바라의 중심 거리에는 캐릭터가 커다랗게 그려진 간판들이 있고 그것들이 다닥다닥 모여 형형색색으로 알록달록하게 번쩍거리는데 그 광경을 보고 있으면 머리가 아찔해질 정도다. 그리고 언제나 사람들로 끊이질 않는다. 주말에는 차도를 인도로 개방하기 때문에 자유롭게 거닐 수 있다.
애니메이션 캐릭터 상품이 넘쳐나는 아키하바라는 내 기준, 일본에서 가장 이성을 잃어버리기 쉬운 곳이다. 장난감, 인형, 피규어, 책 수집가인 나는 아키하바라에만 갔다 하면 정신을 놓고 물건을 사들이다 여행 경비를 거의 탕진하기 때문에 되도록 여행 일정 중 이곳을 뒤로 넣어야 한다.
층마다 캐릭터 상품들이 빼곡히 채워진 건물들이 한 두 개가 아니니 나는 매장 이곳저곳을 오가며 정신없이 '지름신'을 맞이하는데, 이 동안은 배고픔과 피곤함도 잊을 정도로 쇼핑과 구경에 몰두한다. 그러다 정신을 차리면 어느새 내 양손에는 장난감들로 가득하다. 그리고 뒤늦게 고민에 빠진다. '아, 이것들을 한국에 어떻게 들고 가지….'

덴져 사철

외출준비를마치고집에서나온다. 역까지걸어간다. 교통카드를터치하고들어가

돌아갈시간이되어갈준비를한다. 역까지걸어간다. 교통카드를터치하고들어가

철이어디쯤에있는지전광판으로확인한다음잠시후들어온열차에몸을맡긴다.

철이어디쯤에있는지전광판으로확인한다음잠시후들어온열차에몸을맡긴다.

고타케 무카이하라

게릴라 여행을 즐긴다.

목적지 없이 달리는 전철 안에 있다가 끌리는 역 이름이 들리면 그곳에 무턱대고 내려 보는 것이다. 1일권이 있다면 더욱 자유롭게 여행할 수 있는 방법이다.

전철 안내 음성에 낯선 역 이름이 들렸다. '고타케 무카이하라'. 처음 듣는 역 이름인데다 유독 길어서 호기심이 발동했다.

나는 잠시 망설이다 그 역에서 내리고 출구를 향해 계단을 올라갔다.

출구 바로 앞에서부터 주택가의 풍경이 펼쳐졌다. 조금 더 걸어가 보니 어딜 가나 집들이 빼곡히 모여 있었다. 그 부근에는 5층 이상의 건물은 보이지 않았다. 하늘을 올려다 볼 수 있는 시야가 더 넓고, 거리의 쓰레기 하나 보이지 않는 고요하고 차분한 동네였다.

나는 집과 집 사이의 골목길을 걸으며 정갈한 집들을 구경했다. 마당의 정원과 자동차, 창문의 커튼, 전봇대, 자전거, 화분, 전단지, 담벼락…

사람 냄새가 많이 났다.

이케부쿠로

신주쿠 다음으로 유동 인구가 많다는 이케부쿠로에도 다양한 쇼핑 센터나 음식점, 상점가, 회사 건물 등이 밀집되어 있다. 이곳 역시 도쿄의 손꼽히는 번화가로 알려져 있으며 10·20대의 젊은 이들부터 70·80대의 연세 지긋한 어르신들까지 다양한 연령대가 이케부쿠로를 찾는다.

수족관과 전망대, 쇼핑몰 등 다양한 시설이 갖춰진 복합 시설 '선샤인 시티'가 가장 유명하며 애니메이션과 게임 관련 매장도 많이 있어 마니아들이 많이 찾는 곳으로도 유명하다.

이케부쿠로에서 나는 홀로 아침 겸 점심으로 패밀리 레스토랑의 도리아를 먹고 난 다음 거리를 걸었다. 그러다 옷가게에도 들어가 보고, 서점에도 들어가 보고, 잡화점에도 들어가 보았다.

시간이 지나니 또 배가 고파졌다. 아까 갔던 패밀리 레스토랑에서 또 같은 도리아를 주문했다.

왠지 다음 여행 때 다시 이케부쿠로에 오게 된다면 그때도 다시 그 패밀리 레스토랑에서 그 도리아를 먹고 싶다.

한창 공사중이었던 건물 외관.
내부는 정상 운영중이었다.

잠 잘 수 있는 는 PC방

일정 중 조금 색다른 숙박으로 하룻밤을 보내기로 했다.
일본은 PC방을 '넷카페'라고 한다. 일본의 일반적인 넷카페는 사방의 벽이 막힌 독립적인 공간에서 PC를 사용할 수 있다. 매장마다 샤워실도 딸려 있다. 하지만 공간의 천장이 뚫려 있기 때문에 방음이 전혀 되지 않고 칸이 좁아 그 안에서 완전히 눕거나 할 수 가 없다. 그래도 이런 넷카페에서 불편하게나마 부득이하게 하룻밤을 보내야 할 때 사람들이 주로 찾곤 한다.
이케부쿠로와 오사카의 난바에 두 개의 지점을 두고 있는 '네토마루'라는 넷카페는 이런 단점을 없앤 '조금 더 제대로 잘 수 있는 PC방'이라고 명명하겠다. 이곳은 모든 PC를 사용할 수 있는 공간이 개인의 독립적인 방처럼 되어 있으며 바닥은 푹신한 인조 가죽 매트로 되어 있어 그 공간 자체를 침대로 사용할 수 있다. 공간 안에는 PC를 비롯하여 미니 냉장고와 거울, 방향제, 콘센트 등 편의를 위한 물품도 구비되어 있다. 이용 요금은 다른 넷카페들보다 1.5배 가량 더 높은 편이며 12시간 이상 이용하여 숙박을 원하는 경우 미리 예약이 가능하다. PC방이지만 숙박시설로 분류되는 모양인지 신분증 검사를 필수로 하기에 여권을 보여주고 입장할 수 있었다. 이곳에 오기 전 약 한 달 정도 미리 예약을 해 두었었는데 그 사이에 요금이 조금 인상되어 있었다. 하지만 예약했던 시점의 가격으로 결제할 수 있었다. (2017년 12월부터 9시간 나이트 팩 이용 요금은 일반실 기준 2580엔이다) 나는 일반실보다 조금 더 요금이 높은 여성전용실을 이용했는데 보안이 철저히 되어 있어 안전 걱정은 없었다. 그리고 시설, 비품 하나하나 고객들을 생각하는 마음이 느껴졌고 전체적으로 굉장히 깔끔해서 만족스럽게 이용했다.

네토마루 홈페이지 http://netmaru.jp/

잠잘 수 있는 PC방 '네토마루'는 이케부쿠로 역 1a 출구로 나오면 바로 찾을 수 있다.

내가 갔던 5월에는 한창 외부 공사중이었다. 하지만 내부는 정상적으로 영업중.

일반실, 여성전용실로 나뉘어 있다. 1박 요금은 일반실 기준 2500엔 정도.

나는 여성전용실을 이용했다. 일반실보다는 방 수가 적으며 보안이 철저한 편이다.

방은 최소한의 움직임만 가능할 정도의 크기다.

전기 콘센트를 꼽는 곳이 여러 군데 있으며 신발장의 크기도 최소한이다.

TV는 헤드폰으로만 청취가 가능하다.

실내에는 작은 선풍기가 있으며 천장에는 환풍기가 미약하게나마 돌아가고 있었다.

초소형 냉장고와 거울도 구비되어 있다.

실내에서 흡연, 드라이기 사용, 커피포트나 전자렌지 등의 전자기기 사용은 금지되어 있다.

온수기와 전자렌지, 방향제, 쓰레기통, 자판기 등이 복도에 구비되어 있다.

흡연실은 일반실 복도에 있다.

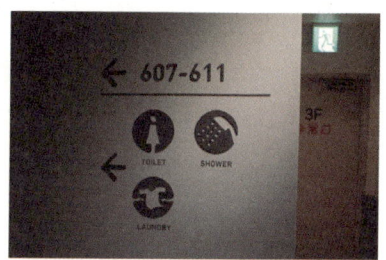
여성전용실에는 화장실, 샤워실, 세탁실이 있다. 화장실과 샤워실은 각 한 개 씩이다.

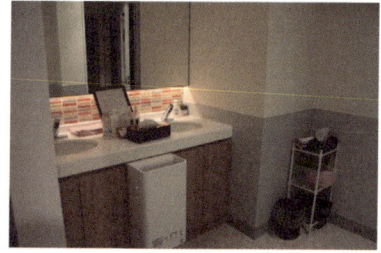
세면대. 스킨로션과 티슈, 면봉 등이 구비되어 있으며 전반적으로 시설이 매우 깨끗하다.

샤워는 10분에 100엔. 10분 안에 마쳐야 하는 것이 아니라 물을 틀어 사용하는 시간이 10분이므로 시간은 넉넉한 편.

LAUNDRY

최소한의 움직임만 가능했지만 나름 아늑했다.
잠만 자는 데에 더 이상의 공간은 딱히 필요치 않았다.
피로가 쌓였던 탓인지 졸음이 몰려왔다.
천장의 전등 불빛이 보름달 같다.
전등을 끄고 누워 천장을 바라보다 나도 모르게 잠이 들었다.

신겐자야

산겐자야는 시부야 역에서 덴엔토시센이라는 노선으로 두 정거장 떨어진 곳이다. 나는 스물세 살 때인 2014년 9월부터 2015년 3월까지 반년간 산겐자야에 있는 쇼와여자대학교에서 교환유학을 했었다. 이곳은 도쿄에서 내가 가장 오래 머물렀던 곳이기 때문에 정이 많이 붙은 장소다.

산겐자야는 주택가가 대부분이지만 역 주변과 대로변에 대형 마트나 노래방, 베스킨라빈스, 맥도날드, 패밀리 레스토랑, 술집 등 없는 것이 없어 작은 번화가 느낌이 난다. 또한 이곳이 살기 좋은 부자동네라는 말이 있는데 짧지 않은 기간 동안 살아 보니 정말 그랬다. 그리고 시부야도 가깝고 시모키타자와도 가깝다. 두 장소 모두 걸어서 40~45분 정도가 걸리기 때문에 산책하는 마음으로 걸어간다면 교통비를 지불하지 않아도 갈 수 있다.

사진에 보이는 커다란 고릴라는 산겐자야에서 시모키타자와로 향하는 길목에서 발견할 수 있는데 건물 2층에 위치한 휘트니스 센터의 마스코트라고 한다. 고릴라의 손바닥에는 소녀가 앉아 있다. 시부야나 신주쿠 같은 큰 번화가에서나 볼 법한 조형물인 것 같은데 비교적 한적한 이 장소에 자리잡고 있으니 조금 이질감이 느껴지기도 한다. 그래서 더욱 이 고릴라의 존재가 자극적이고 흥미롭게 느껴진다.

다른 행인들은 익숙한 듯 거대 고릴라에 눈길도 주지 않고 길을 걷는데 오랜만에 고릴라와 만난 나는 여행자 티를 팍팍 내며 사진을 찍었다. 물론 나도 한때 이 고릴라가 익숙한 시절이 있었다. 산겐자야에 살며 학교에 다녔을 때, 시부야와 시모키타자와를 걸어다녔을 때, 방과후 장을 보러 갔을 때, 새벽에 잠이 오지 않으면 친구와 동네로 나가 야식을 먹었을 때…

그 때 나는 정말로 행복했었다. 산겐자야는 행복한 곳이었다.

길 잃은 강아지처럼 구석에 자리를 잡고 주인을 기다리고 있었다.

어머니의 날을 앞두고 산겐자야의 대형 마트에서 꽃을 한가득 모아 판매하고 있는 것을 발견했다.
일본은 어버이날이 없다. 대신 어머니의 날과 아버지의 날이 따로 있다.
어머니의 날은 5월 둘째 주 일요일, 아버지의 날은 6월 셋째 주 일요일이다.

산겐자야에서 함께 많은 시간을 보냈던 스즈짱과
다시 산겐자야를 찾았다.

산겐자야에서 많이 볼 수 있는 풍경.
소박하고, 평화롭다.

JR 나카노 역에서 북쪽 출구로 나오면 그 앞에 바로 나카노 브로드웨이 상가 입구가 보인다. 언제나 사람들로 붐비는 이 상가는 지하 3층, 지상 10층으로 되어 있는 복합 상업 시설로 마트, 옷가게, 시계 가게, 과자 가게, 서점, 게임장 등 다양한 매장이 늘어서 있다. 특히 2층부터는 마니아틱한 가게들이 모여 있는데 이곳이 정말 별천지라 세계의 마니아 혹은 오타쿠들이 이곳으로 모여들 정도. 만다라케 1호점이 바로 이 상가 곳곳에 자리잡고 있는데 그 규모를 합치면 일본의 모든 만다라케 점포 중에서 가장 클 것이다. 만다라케 매장 뿐만 아니라 피규어 가게, 빈티지 중고 장난감 가게, 앤틱 인형 가게, 애니메이션 굿즈 숍이 다양하게 있어 아키하바라에서의 나처럼 '정신줄을 놓고 여행 경비를 장난감 쇼핑에 탕진해버리는 곳' 공동 1위 장소가 되어 있다. 그밖에도 밀리터리 소품 가게, 코스프레 의상 가게, 성인용품점, 카페, 마사지 숍, 심지어 작은 공연장까지 있다. 이렇다보니 마니아틱한 것을 좋아한다면 반나절은 잡고 방문해야 할 곳이며 상가 안에 다양한 브랜드의 식당과 카페도 있기 때문에 꼭 마니아틱한 것에 관심이 없더라도 둘러보기 좋은 곳이다.

또한 브로드웨이 건물 주변의 샛길이나 골목길에도 선술집이 많으며 골목 구석구석에는 거리의 소박함과 아기자기함을 엿볼 수 있는 곳들이 숨어 있다. 확실히 이곳은 다른 장소에는 없는 독특한 분위기가 배어 있다.

약간 이상한 곳, 그래서 나도 이상해진 것 같은 곳.
정신을 차려보니 양손에 장난감과 책 무더기가 들려 있다.

현재곡 · 921218 - 고독한 한 잔

술이 그리운 저녁 홀로 술집 한 구석에 앉아 고독함과 번잡함을 동시에 느끼네 우우우─♪

키타아키바네

도쿄의 위쪽에 위치한 기타아카바네(北赤羽). 북쪽의 붉은 날개라는 의미. 이 동네는 민가가 모여 있는 곳이며 평화로울 정도로 고요했다.
이 동네에 머문 동안 날씨는 매우 맑았고, 해가 쨍쨍하지만 덥지 않고 오히려 선선했고, 비도 내리지 않았고, 거센 바람 한 번 불지 않았다.
아카바네와 기타아카바네를 잇는 교각을 건널 때 보이는 넓고 푸른 하늘과 곡선으로 뻗은 강은 내 맘을 뻥 뚫리게 했다. 그래서 나에게 이곳은 '눈부실 정도로 평화롭고 고요한 마을'로 남아 있다.

그 때 잠시 이 동네에 살면 좋겠다는 생각이 들었다.

모노로그

일본의 서점에서는 사진집을 많이 볼 수 있다.
특히 배우나 아이돌, 수영복 모델의 화보집, 고양이 사진집이 많다. 그런데 그 중에서 발견한 경악스러운 주제의 사진집을 몇 가지 간단히 소개해 본다.

- 교복을 입은 소녀들의 보일 듯 말 듯 한 은밀한 부위를 찍은 화보집 (여러 권의 시리즈 사진집)
- 문고리를 핥고 있는 여자들의 얼굴을 클로즈업하여 찍은 사진집
- 얼굴은 귀여운 소녀인데 몸은 완벽한 소년의 모습인 비수술 트랜스젠더가 상의를 탈의한 표지의 사진집
- 여자의 가슴골과 그 위에 매달려 있는 피규어를 찍은 화보집
- 다양한 고양이의 다양한 고환을 찍은 사진집

왜 이토록 외설적일까. 왜 유독 소녀에 집착하며 젊은 여자의 신체에 집작하는 걸까.
일본이 고쳐야 할 폐해라고 생각한다.

귀엽고 아기자기한 것을 보면 가슴이 두근거리고 들뜬다.
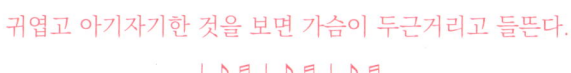

찰칵, 셔터를 누른다.
그 순간의 공기, 냄새, 말소리, 색감, 시간을
렌즈 안으로 끌어넣는다.

시간이 지나 사진을 다시 꺼내 보면
신기하게도 그 픽셀의 집합 속에
그 순간의 공기, 냄새, 말소리, 시간이 희미하게나마 남아있다.

사진의 마법이다.

발길이 닿는 대로 걷다 발견한 도심 속의 신사.
그 입구 앞을 지키고 있던 마네킹.
어느 장군의 모습을 재현한 듯 하다.
　　　　표정 없는 차가운 얼굴이 왠지 모르게 섬뜩하다.

엄마가 말씀하시길
사람은 일, 놀이, 휴식 이 세 가지를
적절히 안배하며 살아가야 한다고 하셨다.

일본에서의 여정은 나에게
그 세 가지를 모두 동시에 행하는 시간이다.
일본의 공기를 담은 책을 만들기 위해
맘에 드는 풍경을 찾아 카메라를 든 채
시각 신경을 곤두세우며 풍경을 수집하는 일,
서점과 장난감 가게에 드나들며
맘에 드는 물건을 하나하나씩 고르는 놀이,
한참을 걷다 다리가 아프면
한적한 공원에서 음료 한 모금 마신 후 젤리를 먹으며
하늘을 올려다보는 휴식.

여행하러 온 건지 일하러 온 건지 구분이 잘 되지 않지만
지금 이곳에서의 시간을 즐기고 있는 것은 분명하다.

카이힌 미쿠하리

바다에 가기로 했다. 도쿄에 머무는 동안 한 번쯤은 바다에 가야 겠다고 생각했기 때문이다. 도쿄에서 이곳저곳 바쁘게 돌아다니는 동안 무언가 내 안에 가득 차 있었다. 그 '무언가'라는 것들이 정확히 어떤 것이라고 정의하기 힘들었고, 나쁜 것들은 아니었지만 내 마음을 뻥 뚫리게 해 줄 곳이 필요했다.
전철을 타고 도쿄 옆 치바현의 '카이힌(해변) 미쿠하리' 역으로 향했다. 이곳은 해변 주변에 큰 박람회장이나 야구장 등이 있다. 그 주변을 돌아다니며 구경한 후 야구장 옆의 해변 공원을 지나 해가 저물 때쯤에 해변가에 도착했다. 철썩이는 파도와 저 너머의 수평선을 바라보니 뭔가 뻥 뚫리는, 시원한 기분이 들었다.
사람이 많지 않아 한가롭게 거닐 수 있었다. 나뭇가지를 주워 모래 위에 내 이름을 커다랗게 끄적이기도 했다.

연인은 오랫동안 서로를 끌어안은 채
함께 노을이 지는 것을 바라보았다.

석양이 하늘을 거대한 주황빛으로 물들였다.
나도 홀로 서서 빨갛게 불타는 석양이
건물들 뒤로 서서히 내려가 숨는 광경을 바라보았다.

오늘도 수고했어요. 내일 다시 만나요.

바다는 무한하다.
모든 것을 용서하고, 포용한다.

두 친구는 파도 옆의 바다 위를 깡충깡충 뛰어다녔다.
깔깔대는 웃음이 내 옆으로 가로질렀다.
순간 나도 혼자가 아닌 둘이 왔으면 더 좋았을까,
하는 생각이 들었다.
하지만 나 혼자서 이 넓은 바다를 조용히 느끼고 즐기는
이 순간이 진정으로 내가 원하던 시간이었다.

오롯이, 이 바다를 말이다.

혼자 간 바다는 슬프고도 아름다웠다.

바다 앞에서 사람은 솔직해지고, 울적해지고, 감동을 받는다.
아주 먼 옛날 지구의 생명들이 태어나 숨을 쉬기 시작한 곳이
바닷속이기 때문일까.

이상하다.
바다를 보고 돌아가는 길인데도
왠지 잔잔한 감동을 준 영화 한 편을 보고 극장에서 나와
집으로 돌아가는 기분이야.

에필로그

마지막으로 머문 곳은 산겐자야의 옆동네인 와카바야시에 있는 에리카의 자취방이었다. 에리카도 내가 잠시 유학했던 학교의 기숙사에서 옆 방에 살던 친구였다. 에리카는 이 날 공연을 보러 가서 밤 늦게 돌아올 예정이었기 때문에 나는 낮에 미리 에리카와 잠깐 만나서 스페어 키를 받아두었다.

저녁 열 시 쯤, 나는 에리카의 방이 있는 건물 앞에 도착했다. 건물 벽과 현관문 색이 민트색인 것 말고는 평범한 일본의 다세대주택이었다.

주인 없는 집에 미리 들어가자마자 톱밥 냄새가 많이 났다. 방 한쪽에 햄스터 집이 있었고 방에는 옷들이 널부러져 있었다. 나는 옷을 대충 옆으로 옮기고 침대에 누웠다. 그리고 눈을 감았다.

얼마 후, 에리카가 문을 열고 들어오는 소리가 들렸다.

나는 에리카의 침대 위에 누워 있었고 에리카는 배가 고픈지 바닥에서 컵라면을 후루룩 먹었다. 그리고 에리카도 잠에 들려고 할 때 내가 침대에서 내려와 주었다. 침대가 둘이서 자기엔 너무 좁았기 때문이다. 에리카는 계속 괜찮다며 침대에서 같이 자자고 말했으나, 나는 같이 침대에서 자면 둘 다 잠을 잘 못 잘 것 같다고 말하며 바닥에 누웠다.

다음 날 아침, 오전 열두 시 비행기였다. 적어도 열 시엔 공항에 도착해야 했고 이 집에서 여덟 시에는 출발해야 했기 때문에 나는 새벽에 맞춰 둔 알람이 울리자마자 일어나 나갈 준비를 했다. 준비를 다 마치고 난 다음 아직 자고 있는 에리카에게 급히 인사를 한 후 집을 빠져나왔다. 그런데 문제는 짐이 너무너무 많다는 것. 캐리어 하나, 배낭 하나, 커다란 손가방 하나. 모든 가방에 짐이 꽉꽉 들어차 있었고 특히 캐리어만큼 커다란 손가방에는 많은 책들과 장난감이 있었다. 도저히 이대로 들고 역까지 걸어가는 건 무리였다. 나는 택시를 타기로 했다. 현재 잔액은 약 3천엔 남짓. 도쿄 역에서 나리타 공항까지 가는 버스비 1000엔과 도쿄 역의 코인락커에 어제부터 맡겨 둔 짐의 추가 비용 600엔을 남겨 둬야 했다. 돈도 얼마 남지 않은 상황에서 택시를 타기엔 조금 걱정이 되었으나 역까지 차로 가면 얼마나 가겠어 하고 택시를 잡았다. 그런데 택시를 타고 미터기를 보니 기본요금이 480엔이었다. 기존의 도쿄 택시의 기본 요금은 원래 600엔 정도였다.
"산겐자야 역 까지 가 주세요. 그런데 기본 요금 내려갔나 봐요?"
"네, 다들 하도 택시 요금이 비싸다고 하고 이번에 정부에서 내리라고 해서 얼마 전에 내려갔죠."

하긴, 일본의 택시 요금은 정말 비싸다. 한국의 두 배 가량이었으니 말이다. 그래도 기본 요금이 내려갔다니 타는 사람 입장에서는 정말 다행이었다.

하지만 착각이었다. 10분도 안 되는 거리를 가는 데도 미터기는 무서울 만큼 빠른 속도로 치솟았다. 결국 산겐자야 역 앞에 도착했을 땐 1000엔에 가까운 금액이 나와 있었.

'기본 요금이 내려가면 뭐해, 여전히 비싼데!'

이로써 내 지갑엔 2000엔 정도만 남게 되었다. 이 안에서 산겐자야 역에서 도쿄 역까지 가는 전철비와 코인락커 추가요금, 공항까지 가는 버스 비용을 지출하면 된다. 그리고 맛있는 아침은 꿈도 꿀 수 없다.

택시에서 내리고 난 후부터 본격적으로 고행길이 시작되었다. 짐이 너무 많아서 걷다가 쉬고 걷다가 쉬고를 반복했다. 가방 하나만 들은 사람들이 얼마나 부러웠는지 모른다. 그리고 사람들은 '저 여자는 무슨 짐이 저렇게 많지?' 하는 눈길로 나를 한번씩 쳐다보고 지나갔다. 특히 환승 구간에서는 걷는 일이 많아 정말 고역이었다. 그리고 도쿄 역에 도착하여 코인락커에서 추가요금을 넣은 후 커다란 짐을 꺼냈다. 어제 오는 길에 짐이 너무 많아 맡겨 둔 것이다.

이제 도쿄 역에 도착했으니 공항 버스 정류장까지 가는 게 또 일이다. 짐이 없으면 뛰어서 3분만에 갔을 것을 다시 짐을 두고 쉬고 두고 쉬고 반복하다 15분이나 걸려 도착했다.

다행히도 여유롭게 버스를 타고 공항까지 이동했다. 공항까지는 약 70분 정도가 걸렸다. 그제야 허기를 느낀 나는 가방에서 펑리수(파인애플 케이크)를 꺼내 먹었다. 저번 주에 시부야에서 만났던 대만 친구가 선물로 준 것이다.
공항에 도착한 후, 짐들을 먼저 보내고 한껏 가벼워진 몸으로 남은 시간을 즐겼다. 지갑에 약 80엔 정도가 남아 있어서 10엔짜리 과자 우마이봉 8개를 샀다. 그리고 식사 대용으로 먹었다.
사고 싶은 걸 다 사고 난 다음의 빈곤감은 그리 나쁘지 않았다.

비행기를 타기 전, 면세점에서 부모님에게 드릴 기념품을 골랐다. 면세점에서는 한국의 카드로 살 수 있어 다행이었다. 아직 탑승 시간까지 30분이나 남아 여유롭게 구경하고 있었다.
갑자기 사람을 찾는 방송이 들렸다. 성이 '이'씨였다. 뒷이름은 잘 들리지 않았다. 한국인인가? 아직까지 비행기도 못 타고 뭐한담, 하고 넘겼다. 그런데 면세점 밖에서 깃발을 들고 다급히 이름을 부르며 사람을 찾는 승무원의 모습이 보였다. 자세히 들어보니 왠지 내 이름을 부르는 것 같아 혹시나 싶어 가까이 다가가 보았다. 그러자 승무원이 다급한 얼굴로 나에게 물었다.
"이스안씨 맞으세요?!"
"네, 맞는데요."
"아, 다행이다. 지금 빨리 비행기 타러 가셔야 해요! 뛰세요!"
"네?! 열두 시 비행기 아니었나요?"
"아니에요 손님, 열한 시 반 비행기에요!"
그제야 나는 티켓을 꺼내서 보고 탑승 시간이 열한 시 반이라는 것을 알았다. 대체 왜 착각하고 있었던 걸까!

"죄송합니다! 착각하고 있었어요! 정말 죄송합니다!"
결국 나는 아슬아슬하게 비행기에 탑승할 수 있었고, 이미 자리에 앉은 사람들에게 굽신굽신거리며 자리로 들어갔다. 승무원들에게도 일일이 고개를 숙이며 죄송함을 표했다.
많은 사람들에게 민폐를 저지르고 말았다. 앞으로는 티켓 시간 확인을 잘 해야겠다. 하마터면 비행기를 못 탈 뻔 했던 것이다.

비행기는 굉음을 내며 떠오르기 시작했고, 조금 진정된 나는 아쉬운 마음으로 창 밖을 멍하니 바라보았다. 나는 이렇게 여행 때마다 실수를 꼭 저지른다. 그래도 이번에는 이전 여정들보다는 순탄한 편에 속한다.
언제 또 올까, 도쿄에. 아마 어떻게든 구실을 만들어 내서 내년에 다시 오게 되지 않을까.

여정을 마치고 돌아가는 길.

나는 울적한 걸까, 후련한 걸까.

울적함과 후련함이 동시에 나를 감쌌다.

후기

나는 앞서 도쿄에서 교환학생이었던 시절(2014년) 매일 쓴 일기를 엮은 책과, 도쿄에서 잠시 취업준비를 했을 때의 경험(2016년)을 담은 책을 쓴 적이 있다. 그 두 권의 책에서는 욕심을 부린 탓에 너무 많은 나의 개인적인 경험담과 너무 많은 사진을 책 한 권에 우겨넣으려고 했다 보니 책이 꽤 두꺼워지고 말았다. 그래서 그 다음 책은 조금 더 절제하여 도쿄에서의 이야기를 사진과 짤막한 나의 독백으로 구성하여 간결하게 풀어 내고 싶었다.

하지만 내가 가진 카메라라곤 친오빠에게 물려받은, 기본 렌즈만을 장착한 캐논 사의 DSLR이 전부. 심지어 사실 나는 카메라와 사진에 대해 정말 문외한이었다. 그런 나의 초보적인 시야가 사진에 여실히 드러났을 지도 모르지만 거짓없이, 꾸밈없이 나의 시야를 담아내려 노력했다.

이번 일정의 목적은 도쿄의 친구들을 만나는 것, 반 년 간 유학을 했던 도쿄의 추억이 어린 곳에 가 보는 것, 일본의 책과 장난감을 수집하러 가는 것이었다. 그리고 일정 중 틈틈이 도쿄의 풍경을 담으며 도쿄의 밝음, 어두움, 맑음. 흐림, 발랄함, 차분함, 시끌벅적함, 외로움 등 다양한 순간을 기록하고 돌아왔다.

5월의 도쿄는 적당히 선선했고, 적당히 더웠다. 그리고 일교차가 심해 밤이 되면 반팔로는 쌀쌀했기 때문에 항상 가디건을 허리에 두르고 다니며 추위를 느낄 때 걸치곤 했다.

대도시 도쿄는 나에게 따뜻하기도 했고, 즐겁기도 했고, 차갑기도 했고, 외롭기도 했다. 그런 도쿄의 공기가 서울에 있는 동안 문득 그리워지는 때가 있다.

2017년 가을, 이스안

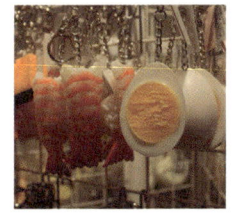

도쿄
/
모노로그

ⓒ 이스안, 2017

초판 발행 / 2017.12.18

펴낸곳 / 토이필북스
지은이 / 이스안
편집 / 정정기
등록 / 2017-000016
팩스 / 02-6442-1994
메일 / toyphilbooks@naver.com

www.toyphilbooks.com
토이필북스는 키덜트 문화를 선두하고,
공유하는 출판 브랜드입니다.

이 책의 저작권은 저자와 토이필북스에 있으며
이 책에 실린 사진과 글의 무단 전재 및 복제를 금합니다.
잘못된 책은 바꾸어 드립니다.

ISBN 979-11-960284-3-5